Bauchtanz

Bauchtanz

Ulaya Gadalla

Gymnastik für Anmut und Schönheit

Die wichtigsten Grundfiguren

Harmonie von Gefühl und Bewegung

Inhalt

Vorwort

Mit Freude und Staunen erlebe ich, wie sich der orientalische Bauchtanz in den letzten fünfzehn Jahren in Mitteleuropa fest etabliert hat.

Weit entfernt von einer kurzfristigen Modeerscheinung wächst die Zahl seiner Anhänger unaufhörlich. Viele Frauen erkennen, daß kaum eine Bewegungsform so vielen Ansprüchen gerecht wird wie der Bauchtanz.

Es sind Frauen, die es müde sind, sich von stumpfsinnigen, obendrein kostspieligen Fitneßmethoden beherrschen zu lassen.

Es sind Frauen, die nicht nur einen äußerlich schönen Körper im Spiegel erblicken, sondern sich mit ihm auch rundum wohlfühlen mögen. Der Weg, der dorthin führt soll Freude bereiten und eigene Kreativität fördern.

Es sind Frauen, die sich nicht mehr diktieren lassen, wie ein schöner Körper auszusehen hat: perfekt, aber langweilig wie die Barbie-Puppe!

Beim Bauchtanz stellen häufig gerade mollige Frauen die Schönheit ihrer Bewegungen, die Ästhetik ihres Körpers unter Beweis. Daß nebenbei auch noch der Hüft- und Bauchspeck schmilzt, wird eher als angenehmer Nebeneffekt gesehen. Am attraktivsten wird der Körper jedoch durch seine neue Haltung, Gelenkigkeit und Anmut.

Der orientalische Tanz löst spielerisch tiefsitzende Verspannungen. Er wird mittlerweile in der Geburtsvorbereitung und als Rückbildungsgymnastik eingesetzt; hartnäckige Rückenschmerzen können verschwinden.

Selbst wenn Sie tänzerisch nicht so ambitioniert sind, werden Sie allein an den Übungen und Figuren den Reichtum einer ursprünglichen, weiblichen Lebenskraft entdecken.

Jede Frau findet »ihre« Figuren. Wenn Sie also etwas älter sind bzw. sich als nicht besonders sportlich einstufen, führen Sie die Bewegungen eben langsamer aus. Bauchtänzerinnen sind keine Akrobatinnen – sie nutzen lediglich uns allen gemeinsame, natürliche anatomische Gegebenheiten aus!

Ich stelle Ihnen im folgenden einige Grundfiguren nebst daraufhinführende Dehn- und Entspannungsübungen vor.

Tanz ist Körpersprache: Wir lernen den Wortschatz (die Grundfiguren), Grammatik (Regeln zur Musikinterpretation) und gebräuchliche Redewendungen (typische Kombinationen). Sprechen, formulieren aber müssen wir selbst, immer neu und etwas anders, unverwechselbar in unserer individuellen Ausdrucksweise.

Und nun brauchen Sie nur noch bequeme Gymnastikkleidung und vielleicht einen breiten Schal für die Hüften. Viel Spaß!

Ulaya Gadalla

Historischer Überblick

Längst ist auch in Europa bekannt, daß der orientalische Bauchtanz nicht für lüsterne Paschas erfunden wurde. Seine Ursprünge lassen sich mindestens bis zu den alten Ägyptern zurückverfolgen; von dort verbreitete er sich über Asien und Nordafrika bis nach Spanien und Rom. Wissenschaftler glauben in manchen prähistorischen Skulpturen und Felsmalereien Tanzposen zu erkennen, die noch heute im orientalischen Tanz lebendig sind. Die Geschichtsschreibung vergangener Jahrhunderte weist immer wieder auf eine bestimmte weibliche Tanzform mit ausgeprägten Hüft- und Bauchbewegungen hin, die zwischen Indien und Spanien verbreitet war. Wahrscheinlich handelt es sich hier um kulturelle Abwandlungen des antiken Geburtstanzes, der für männliche Zuschauer tabu war.

Für westliche Frauen, die heutzutage diesen Tanz wiederentdecken, dürfte ein geschichtliches Dokument besonders interessant sein: Im 11. Jahrhundert mokiert sich der Bremer Chronist Adam von Bremen über Tänzerinnen in Nordeuropa, welche mit ihren lasziven Bewegungen Überbleibsel heidnischer Kultur repräsentieren ...

Als klassisch wird der Tanz heute in Ägypten angesehen, wo er sich am vollendetsten entfaltet hat. Den ausdrucksstärksten Tänzerinnen begegnet man dort nicht immer in den Nachtclubs, sondern häufig in ganz normalen Familien, in denen die Frauen seit Menschengedenken ausgelassen miteinander tanzen. Heute gesellen sich bei Familienfesten gerne auch die Männer dazu, die dann – allerdings etwas anders als wir Frauen – ebenfalls miteinander tanzen. Während der Tanz in frühgeschichtlicher Zeit wahrscheinlich Teil eines Fruchtbarkeitsritus war, halten wir als Frauen des 20. Jahrhunderts ihn nach wie vor geeignet, unsere Empfindungen auszudrücken. Der orientalische Tanz wurde nicht künstlich erschaffen, sondern ist Ausdruck des ursprünglichen Wissens des Menschen um seinen Körper.

Frauen in modernen Industrienationen, denen dieser natürliche Bezug abhanden gekommen ist, gelangen durch den Tanz wieder zu einem selbstbewußten, harmonischen Körpergefühl.

Kein Wunder also, daß seit dem Ende der sechziger Jahre entsprechende Tanzschulen in Amerika – wo der Bauchtanz denn auch seinen Namen erhielt – zu den festen kulturellen Institutionen zählen und daß auch in Europa das Interesse seit Beginn der achtziger Jahre rapide wächst.

»Les almees.« Umherziehende Tänzerinnen und Sängerinnen.
Gemälde von Paul Louis Bouchard (1853-1937)

I.

Grundstellung

Ausführung
Nehmen Sie zunächst eine lockere Grundstellung ein: die Füße stehen parallel
nebeneinander, die Knie sind ganz leicht
gebeugt, das Becken ist etwas angehoben (indem wir den Bauch ein wenig einziehen), der Brustkorb stolz aufgerichtet,
der Kopf ebenfalls. Das Gewicht ruht
gleichmäßig auf beiden Beinen.

Tip
Für alle nun folgenden Übungen gilt:
Wenn eine Bewegung Ihnen in irgend-
einer Weise unangenehm ist oder gar
Schmerzen verursacht, brechen Sie die
Übung bitte sofort ab. Es gibt noch
genug andere, die Ihnen bestimmt guttun
werden.
Wenn Sie später aus dem Erlernten Tanz-
abläufe zusammenstellen, kommen Sie
auch ohne die eine oder andere Grund-
figur gut zurecht, und da Ihnen fast jede
Übung sowieso einen individuellen Spiel-
raum läßt, dürften Sie kaum auf Schwierigkeiten in dieser Hinsicht stoßen.
Bitte wiederholen Sie alle Übungen nur
so lange, wie sie Ihnen Spaß machen,
denn die Freude an der Bewegung ist ein
wesentlicher Bestandteil des Bauchtanzes!

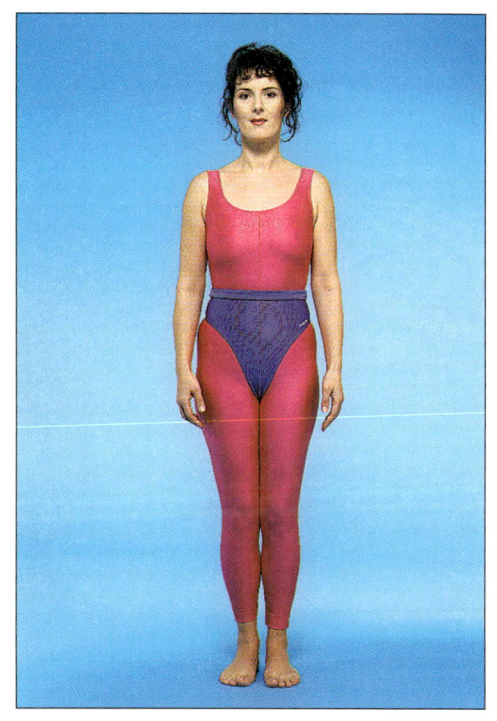

Vogelflügel

Ausführung

Zunächst bleiben Sie in der Grundstellung stehen und beschreiben mit den Armen einen Bogen weit vom Körper weg nach oben. (Vielleicht stellen Sie sich vor, Sie strecken sich morgens nach einem erfrischenden Schlaf wohlig aus.)
Achten Sie genau auf meine Hände: Wenn ich die Arme nach oben führe, zeigen die Fingerspitzen nach unten, und erst, wenn meine Handgelenke über dem Kopf zusammentreffen, ändere ich die Richtung der Hände und gehe mit den Armen wieder nach unten.

Variation

Sie müssen den Flügelschlag nicht immer bis über den Kopf und bis ganz nach unten ausführen, sondern können die Auf- und Abwärtsbewegung auch etwas kürzer gestalten.

Legen Sie einen majestätischen Ausdruck in diese Figur, so als ob ein Adler zum Flug ansetzt bzw. wieder zur Erde zurückkehrt. Heben und senken Sie die Arme langsam und fließend, betonen Sie die Hände! Es darf Ihnen ruhig ein wenig theatralisch vorkommen, doch so lernen Sie recht gut, Gefühle körperlich auszudrücken.

Verschiedene Armfiguren bauen auf den »Vogelflügeln« auf.

»Vogelflügel« lassen sich übrigens schon bald mit dem »Beckenkreis« (siehe Seite 22) kombinieren.

Ein Arm bewegt sich zum Beispiel nach oben, der andere nach unten.

Wirkung

Sie spüren gewiß, daß die Armmuskulatur viel zu arbeiten bekommt, die Schultergelenke sich angenehm in ihren Scharnieren lockern.

Tip

■ Armfiguren zu üben strengt nur anfangs an. Häufige kurze Pausen schaffen Abhilfe.

■ Keine Kräfte in die Schultern lenken, also auf gar keinen Fall die Schultern anheben, um die Arme anzuheben.

■ Bei der Aufwärtsbewegung langsam einatmen, bei der Abwärtsbewegung noch langsamer ausatmen, das durchwärmt den gesamten oberen Körperbereich.

Beckenkippe

Diese Figur ist eine wichtige Grundlage für eine Vielzahl nur scheinbar komplizierter Beckenfiguren.

Durch die Beckenkippe werden die unteren Bauchmuskeln geschmeidig und gekräftigt. Sie stärken dadurch das »Fundament« Ihres Körpers, den Beckenbereich.

Wenn der zu schwach ist – langes Sitzen am Schreibtisch leistet dem Vorschub –, werden die weiteren »Stockwerke« des Körpergebäudes, also Brustkorb, Schultergürtel und Kopf, in Mitleidenschaft gezogen, und das Becken sackt leider häufig nach hinten ab, während der Bauch nach vorn fällt.

Dem bereiten wir nun dauerhaft ein Ende!

Ausführung

Nehmen Sie die Grundstellung ein. Grätschen Sie die Beine ein wenig, und gehen Sie in die Knie.

Eine Hand legen Sie auf das Gesäß und eine auf den Bauch, um den Zusammenhang zwischen Beckenbewegung und Bauchmuskulatur zu spüren.

Ziehen Sie den Bauch unterhalb des Nabels ein, und drücken Sie so das Becken nach vorne.

Lassen Sie langsam den Bauch wieder los. Dabei sinkt das Becken nach unten und ein wenig nach hinten – so als ob es sich auf einem weichen Kissen entspannt niederließe.

Beckenkippe auf dem Boden

Ausführung

Besonders angenehm läßt sich die Beckenkippe auf dem Boden üben. Achten Sie auf einen nicht zu harten Untergrund.

Ziehen Sie den Bauch ein, drückt die Muskulatur von innen auf die Lendenwirbelsäule: sie wird gerade.

Beim Loslassen kehrt die Wirbelsäule wieder in ihre natürliche leichte Krümmung zurück.

Wirkung

Die untere Wirbelsäule wird bis zum letzten Steißwirbel sanft massiert.

Tip

Ich vergleiche diese Figur gerne mit einer Schaukel: Die Bauchmuskeln schubsen das Becken an. Meine Kinder haben sich in dieser ersten Wiege immer recht wohlgefühlt.

Deshalb wird Ihnen die Übung auch gut gefallen, wenn Sie schwanger sind.

Nicht mogeln:

■ Keine Kniebeugen machen.

■ Die Pomuskeln dürfen nicht mithelfen.

Der Atem fließt eigentlich unbewußt von selbst richtig. Sollten Sie aber im Übungseifer verkrampft die Luft anhalten, so atmen Sie bei der Kontraktion des Bauches anfangs bewußt aus und beim allmählichen Loslassen wieder langsam ein.

II.

Strecken der Taille

Nehmen Sie bitte die Grundstellung ein. Führen Sie zu Beginn jeder neuen Lektion einige Male die »Vogelflügel« und danach die »Beckenkippe« aus, am besten auch die anderen Übungen von Seite 15, wenn Sie genügend Zeit haben.

Ausführung
Jetzt kommt es darauf an, das Becken ganz ruhig zu halten, während Sie mit Ihrer gesamten oberen Körperhälfte zunächst zur linken Seite, dann zur rechten Seite gleiten.
In der Mitte dazwischen richten Sie sich immer vollkommen auf.
Gleiten Sie zur linken Seite, strecken Sie den rechten Arm nach oben und schauen ihm nach.
Ihr Unterkörper ähnelt hierbei den starken Wurzeln eines Baumes, während der Oberkörper sich wie der biegsame Stamm und das Geäst im Sturm bewegt.

Wirkung
Sie spüren vom Oberarm bis zur Taille abwärts eine kräftige Dehnung sowie eine rasche Durchwärmung.

Tip
Gut nach langem Sitzen!

17

Äpfelpflücken

Ausführung

Bei dieser Figur bewegen Sie die Arme auf und ab, gleichzeitig drehen sich die Hände.

Die Ellenbogen dürfen leicht angewinkelt sein.

Unter- und Oberarme bilden eine Einheit und ändern bei der Übungsausführung den Winkel nicht – sie sollen also auf keinen Fall abknicken, denn das wirkt mutlos und fahrig.

Die Hände beschreiben weiter dieselbe Richtung, während die Arme sich auf- und abwärts bewegen.

Der Ausdruck liegt hier wie bei den »Vogelflügeln« vor allem in den Händen. Diese drehen sich immer nur in einer Richtung – egal wohin die Arme sie führen.

Sie machen jene Drehung, die das Pflücken von Äpfeln nachahmt.

In diesem Falle drehen Sie die Hände nach der Pflückbewegung nach innen.

Wirkung

Es entsteht ein sehr ästhetisches Gesamtbild:

Die Hände erinnern an rankendes Efeu, besonders, wenn die Bewegung langsam fließend ausgeführt wird.

Steigerung

Die Hände sind durch das vorangegange-
ne Training immer geschmeidiger geworden. Nehmen Sie alle Kraft zurück, und
vergegenwärtigen Sie sich, wie sensibel
Ihre Gelenke bis in die Fingerspitzen
hinein sind!
Was für den ganzen Körper Anwendung
findet, gilt ganz besonders hier:
Niemals eine Figur nur mechanisch ausführen, sondern immer versuchen, ein
Bild zu malen oder ein Gefühl, sei es auch
noch zu unbestimmt, auszudrücken.
Anstatt Äpfel zu greifen, fassen Sie nun
in Ihrer Vorstellung nach zarten Blüten-
blättern – und dann bewegen sich unsere
Finger selbst wie Blütenblätter im Wind.

Variation

Ein Arm zieht nach oben, der andere
nach unten. Beide Hände drehen unbeirrt
in derselben Richtung weiter

Indischer Fächer

(So benannt nach einer Handbewegung, die das Entfalten eines Fächers nachahmt.)
Diese Handfigur soll ein Relikt jenes verfeinerten Tanzstils sein, der im 16./17. Jahrhundert am Hofe der indisch-islamischen Großmogulen gepflegt wurde. Leider gerieten diese Traditionen immer mehr in Vergessenheit, denn die modernen Vertreterinnen des orientalischen Bauchtanzes holen sich heute zunehmend ihre Anregungen aus einem in seiner tänzerischen Aussage nicht glücklichen Vorbild, nämlich dem klassischen Ballett. Nur selten führt dies zu einer gelungenen Weiterentwicklung.

Ausführung
Sie drehen die Hände zunächst in die entgegengesetzte Richtung wie vorher beim »Äpfelpflücken«. Üben Sie das ein wenig mit erhobenen Armen, bis Ihnen der Ablauf geläufig ist.
Dann lassen Sie die Arme etwas sinken und halten sie in der Stellung. In dem Augenblick, in dem Sie innen nach aufwärts drehen, strecken Sie den Zeigefinger vor, die anderen Finger folgen wie von selbst.
Bei dieser Figur sind die Fingergelenke ausnahmsweise gestreckt – bei anderen Gesten dürfen sie ja weich und nachgiebig sein.
Bei der diagonalen Armhaltung in Begleitung mit einseitiger Hüftfigur verhilft eine gelegentliche Handdrehung zu einer natürlich wirkenden, entspannten Handstellung, über die man bald gar nicht mehr nachdenken muß. Vermeiden Sie starre Handpositionen! Drehen Sie lieber ab und zu die Hände, ohne die Arme zu verändern.

Wenn Sie im Tanz die Arme auf die andere Seite wechseln wollen, so heben Sie lediglich den einen Arm an und senken den anderen.
Die Hände führen dabei gleichzeitig zwei »Fächer« aus. Ist der Wechsel vollendet, ruhen auch die Hände.

Tip

■ Das »Äpfelpflücken« drückt eher Nehmen aus, aber auch Verabschieden, ein Sich-Zurückziehen,
■ Der »Indische Fächer« ist eine Geste des Verteilens, der Freigebigkeit und Offenheit.

Wirkung

All diese Spiele mit Armen und Händen entwickeln Anmut und Grazie über den Tanz hinaus – Ihre Gesamtausstrahlung profitiert davon.
Außerdem wird nebenbei die Schulterregion dauerhaft aufgerichtet, und die Oberarme bekommen eine schöne Form.

Mondkreis
(kleiner Beckenkreis)

Die Araber bezeichnen diese Bewegung poetisch als »Mondkreis«, um ihn von seiner größeren Ausführung, dem »Sonnenkreis« (siehe Seite 30), zu unterscheiden.

Ausführung

Nehmen Sie bitte die Grundstellung ein. Dann breiten Sie ganz zwanglos die Arme aus, so als wollten Sie jemanden »mit offenen Armen empfangen«, und kreisen mit dem Becken um die eigene Körpermitte.
Wie bei der »Beckenkippe« schon geübt, ziehen Sie bei der Vorwärtsbewegung den Bauch im unteren Bereich ein.
Lassen Sie den Bauch wieder sanft los, wenn das Becken zum Halbkreis nach hinten übergeht.

Tip

■ Nicht mit den Hüften abknicken; das Becken bleibt eine Einheit.
■ Eher den Bogen nach vorne betonen; mit dem Becken nicht zu weit nach hinten nachgeben.
■ Keinen Buckel machen.
■ Dieser Kreis darf nicht zu schnell gemacht werden, sondern eher fast ein wenig zähflüssig.
■ Lassen Sie das Becken unten frei durchschwingen, indem Sie mit dem Beckenboden nicht dagegenhalten, denn in diesem Fall würde zwangsläufig die Körpermitte mehr kreisen und das Becken weniger – und das sähe sehr unbeholfen aus!
■ Zeichnen Sie am besten in Gedanken die Kreise mit dem Beckenboden vor.

III.

Kopfhaltung »Nofretete«

Den orientalischen Tanz krönen weiche, gleitende Kopfbewegungen. Ein beweglicher Kopf auf einem geschmeidigen Hals bewirkt darüber hinaus entspannte, ausdrucksvolle Gesichtszüge, und erst diese Harmonie macht alle übrigen Bewegungen glaubhaft.

Die nächsten Übungen müssen Sie sehr behutsam ausführen. Dabei werden die Schultern und der Brustkorb völlig ruhig gehalten.

Bevor Sie beginnen, stellen Sie sich vor, daß jemand Sie sanft an den Haaren des Oberkopfs emporzieht. So gelangen Sie spielerisch in die richtige Ausgangshaltung, das heißt, das Kinn dürfen Sie weder senken noch übertrieben anheben. Achten Sie doch bei Gelegenheit einmal auf die stolze Kopfhaltung der alten Ägypter auf Grabdarstellungen.

Schon immer zieht uns Königin Nofretete in ihren Bann. Das liegt aber nicht nur an der Schönheit ihres langen Halses, sondern hauptsächlich daran, mit welch selbstverständlicher Würde sie den Kopf trägt.

Büste der Nofretete

Ausführung

Den Kopf langsam nach unten senken
und das Kinn weit nach vorn ziehen.
Mit dem Kinn einen weiten Bogen nach
hinten beschreiben, im Nacken verharren
und allmählich aufrichten.
Fühlen Sie in der Nackenlage noch nicht
genügend Spannung vom Kinn abwärts
zum Hals, schieben Sie die Unterlippe vor.

Wirkung

Durch diese Übung wird die vordere Hals-
muskulatur gekräftigt und die Nacken-
wirbelsäule entspannt.

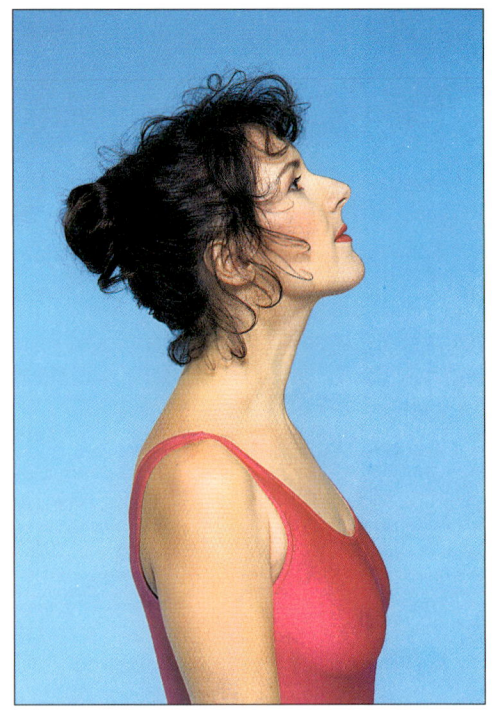

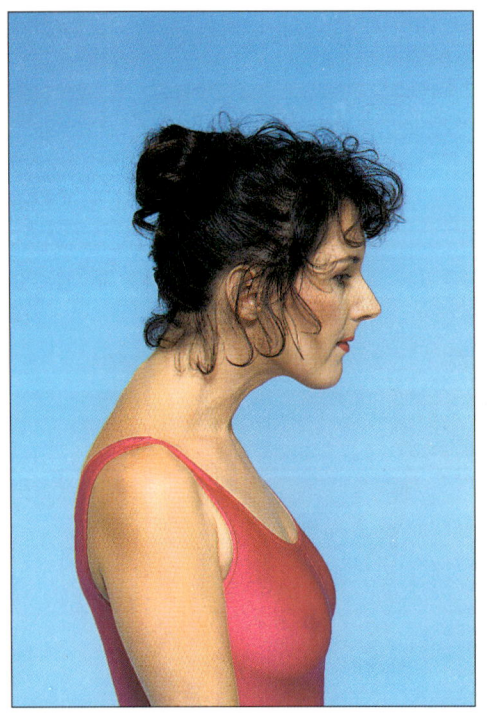

Kopfgleiten

Etwas Unberechenbares, an eine Katze oder ein Raubtier erinnernd, geht von dieser Figur aus. Sparsam im Tanz eingesetzt – sehr schön zum Beispiel kombiniert mit »Schlangenarmen« (siehe Seite 50) –, wirkt sie raffiniert und geheimnisvoll.

Tip
■ Bei Dehnübungen grundsätzlich nicht die Luft anhalten, sondern gleichmäßig weiteratmen.
■ Lernen Sie von den ägyptischen Wasserträgerinnen, und balancieren Sie einen Gegenstand (Kissen, Buch) auf dem Kopf, während Sie umhergehen.

Ausführung
Legen Sie als Fixpunkt zum Orientieren beide Hände unter das Kinn, und stellen Sie sich vor, daß Ihr Kinn auf einer glatten Fläche mal nach links, mal nach rechts gleiten soll. Das Kinn zeichnet dabei eine gerade Linie. Die Hände bleiben ruhig.

Kegelbewegung der oberen Körperhälfte

Sie lernen dadurch, den unteren und den oberen Körperbereich voneinander unabhängig zu bewegen. Der Kegel wird bei großen Beckenkreisen angewendet, wobei der Oberkörper nur ausweicht, sich aber nicht von der Beckenbewegung beeinträchtigen läßt. Diesen Weg zur Unabhängigkeit und somit größerer Bewegungsfreiheit einzelner Körperpartien nennt man Isolationsprinzip – ein Begriff, der Ihnen beim Bauchtanz noch häufiger begegnen wird.

Ausführung
Nehmen Sie die Grundstellung ein, und stützen Sie die Hände auf die Hüften. Die untere Körperhälfte ab der Taille abwärts halten Sie völlig ruhig, ebenso wie die Abschnitte des Oberkörpers.
Sie drehen ihn lediglich um die Körpermitte herum; der Antrieb für die Bewegung kommt also aus der Taille.
Ziehen Sie den Oberkörper nach vorne, dann nach rechts, nach hinten und dann wieder nach vorne.

Tip

■ Der gesamte Körper wird aus der Taille bewegt, der Brustkorb kreist nicht etwa allein.

■ Automatisch zeichnet der Kopf in der Luft einen großen Kreis nach. Also: nicht den Kopf schüchtern einziehen, wenn Sie nach hinten kreisen.

■ Der Rücken ist sowohl bei der Vorwärts- als auch bei der Rückwärtsbewegung gerade. Krümmen Sie den Rücken auf keinen Fall! Sie werden dazu nur verleitet, wenn Sie den Kegel weiter ausführen, als es Ihre individuellen Möglichkeiten zulassen.

■ In erster Linie muß der Bewegungsablauf stimmen.

■ Akrobatische Leistungen sind nicht erforderlich.

Sonnenkreis
(großer Beckenkreis)

Wiederholen Sie bitte nochmals den kleinen Beckenkreis (siehe Seite 22). Wenn die Bauchmuskeln langsam in Schwung kommen, steigern Sie die Energie im Becken.

Ausführung
Ziehen Sie den Bauch noch mehr ein, und drücken Sie dadurch das Becken nach vorne.
Der Oberkörper weicht aus, wie oben bei der Kegelbewegung geübt, und der Kreisbogen um Ihre Mitte wird nun größer.
Es ist eigentlich ganz einfach: Befindet sich das Becken auf dem Weg nach links vorne, zieht der obere Körper bereits nach links hinten.
Beide Körperbereiche aber bewegen sich in derselben Richtung.

Tip
Üben Sie beide Richtungen. Das Kreisen im Uhrzeigersinn, so heißt es, soll die natürliche Darmperistaltik aktivieren.

Entspannungsübung

Ausführung

Verschränken Sie die Hände hinter dem Rücken. Dann drücken Sie das Becken nach vorn, atmen aus und lehnen sich gleichzeitig etwas zurück. Dabei bitte ruhig weiteratmen, nicht die Luft anhalten. Ein paar Sekunden in der Stellung verharren.
Nun fallen Sie nach vorne, das Becken kippt nach hinten. In der Wadenmuskulatur und in der hinteren Oberschenkelmuskulatur darf es ruhig ein wenig ziehen.

Steigerung

Sie bewegen die Arme weiter Richtung Kopf.

Tip

■ Überall, wo Sie bewußt gleichmäßig atmen sollen, ist es nicht erforderlich, übertrieben tief die Luft einzuziehen.
■ Beim Ausatmen lassen Sie sich dann etwas mehr Zeit.
■ Im Zweifelsfall folgen Sie dem natürlichen Rhythmus.
■ Halten Sie nie die Luft an.

IV.

Neue Körpererfahrung

Wir können die Hüfte vergleichsweise nur relativ wenig anheben, während wir in der Lage sind, sie ziemlich weit fallen zu lassen, wenn wir innerlich loslassen und nicht verkrampfen.

Aus dieser Erkenntnis heraus erscheint es logisch, daß die Hüftfiguren in der Fallbewegung wesentlich mehr Spielarten zulassen als diejenigen mit angehobener Hüfte.

Interpretieren Sie selbst die Sprache des Körpers:

Eine Tänzerin, welche die Hüften mehr im Hochheben betont, wirkt verbissen; eine Tänzerin dagegen, die eher die Ruhepunkte in einer Fallbewegung kultiviert, strahlt Anmut und Ästhetik aus, Sinnlichkeit und Weichheit.

Tip
Die Fähigkeit, die Hüfte nach unten loszulassen, ist wichtiger, als sie nach oben anzuheben!

Hüftschwung auf einem Bein

Hier werden Sie so richtig ins Schwitzen kommen, und zusätzlich entwickelt sich Ihre Balancefähigkeit. Eine bessere Vorbereitung für alle Arten von Hüftschwüngen, gibt es kaum.

Ausführung
Beugen Sie den Unterschenkel, und ändern Sie während des weiteren Bewegungsablaufs nicht mehr seine Stellung. Dann drehen Sie Ihr angewinkeltes Bein nach innen und heben und senken die Hüfte.

Tip
■ Nur die Hüfte schwingt auf und ab. Strecken Sie den Unterschenkel nicht aus.
■ Wechseln Sie die Seite, sobald das Standbein ermüdet.

34

Abwechselndes Hüftesenken

Ich zeige Ihnen jetzt eine weitere Vor-
übung, bei der Sie den Weg nach unten
exakt steuern müssen. Stellen Sie sich
vielleicht vor einen halbhohen Spiegel,
der nur Ihren Oberkörper bis zur Taille
zeigt. Ihre Körperachse muß ruhig bleiben, so daß nichts auf die Bewegungen
im Hüftbereich hinweist.

Ausführung
Nehmen Sie die Grundhaltung ein, und
stützen Sie die Hände auf die Hüften.
Die rechte Hüfte fällt jetzt nach unten,
während die linke Seite ganz ruhig bleibt.
Die Hüfte kehrt wieder zurück zur Ausgangsstellung, und erst danach fällt die
linke Hüfte herab.

Tip
■ Nach dem Fallen muß die Hüfte immer
erst genau zur Ausgangsstellung zurück-
kehren, bevor sich die andere auf den
Weg macht. Daher senkt sich die Hüfte
anfangs nur ganz wenig.

Hüftkicks

Erst, wenn Sie die Übung davor mühelos
beherrschen, steigern Sie das Tempo und
schütteln die Hüften abwechselnd nach
unten aus.
In Ihrer Vorstellung schlagen die Gesäß-
backen unten jedesmal auf eine Trommel.
Damit beherrschen Sie bereits eine tem-
peramentvolle rhythmische Figur, denn
tiefe Trommelschläge, die Sie aus einem
Musikstück heraushören, dürfen Sie körperlich in dieser Weise umsetzen.

Fußabrollen rückwärts

Die Bedeutung der Füße

Der orientalische Tanz ist in erster Linie ein körperbejahender, erdbezogener Tanz.

In diesem Zusammenhang widmen wir uns jetzt den Füßen; diese müssen nämlich möglichst elastisch sein, um die unterschiedlichen Gewichtsverlagerungen der Hüften abzufedern. Außerdem sind die Füße für den körperlichen Gesamteindruck von entscheidender Bedeutung. Eigentlich selbstverständlich? Leider heutzutage immer weniger! Die orientalischen Tänzerinnen liebäugeln mit Pariser Pumps, um an das Gardemaß der bewunderten westlichen Top-Models heranzukommen. In Wirklichkeit handelt man sich aber nur Krampfadern ein.

Aber auch die zum Glück häufiger anzutreffenden Barfußtänzerinnen lassen manchmal geschmeidige Sohlen vermissen und benutzen nur den Vorderfuß beim Auftreten. Ich hingegen finde es lohnender, sich der ausgeprägten Fußkultur im arabischen Mittelalter zu entsinnen als nach dem Ideal des Schwebens wie im Ballett zu trachten. Ihre Füße werden es Ihnen danken!

Ausführung

Mit dem Vorderfuß nach hinten aufsetzen. Langsam den Fuß abrollen bis zur Ferse und ein paar Augenblicke in dieser Spannung verharren.

Neigen Sie sich mit dem Rumpf nicht nach hinten, dann dehnen Sie die Wadenmuskulatur.

Wirkung

Eine Tänzerin wendet Rückwärtsschritte mit ebensolcher Selbstverständlichkeit – und obendrein noch häufiger – wie Vorwärtsschritte an.

Sie kontrolliert dabei den Boden, auf den sie tritt, nicht mehr mit den Augen, sondern spürt ihn mit den Füßen.

Mit dieser Sicherheit, sich im Raum in jede Richtung zu bewegen, fühlen wir uns auch im Alltag stabiler, selbstbewußter. So leicht kann uns nichts mehr ins Wanken bringen!

Fußabrollen rückwärts überkreuzt

Ausführung

Dieselbe Übung wie oben.

Setzen Sie aber jetzt den Vorderfuß hinter der Ferse des anderen Fußes überkreuzt auf.

Nun gehen wir ein paar Schritte rückwärts. Bleiben Sie dabei auf einer gedachten geraden Linie.

Grundschritt für einseitige Hüftbewegungen

Beim überkreuzten Rückwärtsabrollen bietet es sich fast von selbst an, den Schwung der Füße auf das Becken zu übertragen.

Ausführung
Setzen Sie mit dem linken Fuß den Kreuzschritt nach hinten an. Während der Abrollbewegung des Fußes schwingt das Becken nach vorn, den Bauch ziehen Sie etwas ein.

Das Körpergewicht ruht auf dem linken Bein (Standbein). In dieser Position kann das Becken nicht absacken.
Die rechte Hüfte ist nun automatisch etwas herausgekehrt und angehoben. Weil das Gewicht des Körpers hinten (auf dem linken Bein) ruht, sind wir vorne von der Hüfte bis zur Fußspitze unbelastet und können eine Vielzahl einseitiger Hüftbewegungen ausführen.

Der klassische Hüftfall

Vielleicht führte diese erotische Figur auch schon zum »Sündenfall« im Paradies. Tatsache ist, daß der etwas ernste ägyptische Staatspräsident Gamal Abd El-Nasser in den fünfziger Jahren den Tänzerinnen empfahl, diese Figur nicht mehr so exzessiv zu tanzen, sondern die Aufmerksamkeit mehr auf die Anmut der Hände zu lenken ...
Der Hüftfall kann ungebremste Lebenslust gut ausdrücken. Er wirkt niemals billig oder gar ordinär – vorausgesetzt, die Hüfte fällt weich nach unten wie auf ein federndes Polster, welches die Bewegung nach oben wie von selbst zurückgibt.

Ausführung
Aus der Schrittstellung (siehe Seite 38) schwingen Sie entspannt immer wieder nach unten.
Beim Wechsel treten Sie mit der schwingenden Seite einfach im Kreuzschritt zurück und belasten jetzt diese Seite.

V.

Rumpfverdrehung

Üben Sie zum Warmwerden mehrmals
die Streckung der Taille (siehe Seite 17)
und den »Hüftschwung« (siehe Seite 34).
Diese Übung ist ein wirksames Mittel
gegen die Haltungsschwäche. Eine Isolati-
onsübung, bei der Sie spüren, daß der
Rumpf nicht ein undefinierbares Ganzes
ist, sondern aus verschiedenen lebendi-
gen Körperzonen besteht.

Ausführung

Knien Sie sich auf eine weiche Unterlage.
Die rechte Schulter liegt gegenüber dem
linken Bein auf. Sollte die Schulter dabei
schmerzen, legen Sie ein Kissen darunter.

Strecken Sie den linken Arm im weiten
Bogen nach links, und atmen Sie gleich-
mäßig eine Weile weiter, bevor Sie die
Seite wechseln.

Variation

Strecken Sie das linke Bein, und fassen
Sie mit dem rechten Arm nach dem linken Fuß.
Versuchen Sie, den linken Arm am Boden
abzulegen. Seitenwechsel.

Tip

Sollte Ihnen diese Übung Schwierigkeiten
bereiten, ist das ein Hinweis auf eine sehr
verspannte Rückenmuskulatur. Ein paar
Massagen wirken hier oft Wunder.

Hüfteschwenken

Ausführung

Die Ausgangsstellung ist dieselbe wie beim »Hüftfall« (siehe Seite 39).
Treten Sie nach hinten, und heben Sie die vordere Hüfte etwas an. Jetzt schwenken Sie die Hüfte nach vorne und zurück, etwa auf einer Ebene.
Wenn Sie nun das Tempo steigern, können Sie so beispielsweise das Rasseln einer Schellentrommel (arabisch: riq) im Tanz wiedergeben.

Hüfteschwenken mit diagonaler Körperverdrehung

Ausführung

Sowohl zum »Hüftfall« als auch zum »Hüfteschwenken« paßt folgende Position des Oberkörpers gut:
Der Brustkorb verschiebt sich, wie bei der »Rumpfverdrehung« geübt, zur Seite. (Es müssen ja nicht gleich 90° sein.) Schon eine leichte Andeutung der Verdrehung ist hübsch. Entscheidend ist, daß auf Kosten der Verdrehung die Schultern nicht verkrümmt werden. Eine Übung zur Entspannung und Kräftigung der Schulterpartie finden Sie auf Seite 55.

Tip

■ Den Kopf nicht einziehen, denn Sie müssen die Hüftbewegungen nicht beobachten!

■ Falls Sie das doch wollen, senken Sie nur die Augenlider und blicken nach unten.

Gustave Flaubert beschreibt einen Tanz von Ruchiouk-Hanem, der bekanntesten Tänzerin Ägyptens (1850), der ihn während seines Aufenthalts in Ägypten sehr beeindruckt hat:
»Beim Tanzen nimmt sie einen braunen, goldgestreiften Schal mit drei an Bändern hängenden Troddeln, den sie sich wie eine Halsbinde als Gürtel umbindet. Sie hebt sich bald auf dem einen Fuß, bald auf dem anderen; ein wunderbarer Anblick; ein Fuß bleibt fest auf der Erde, während der andere sich hebt und vor dem Schienbein des ersten vorüberfährt, das Ganze in einem leichten Hüpfen. Ich habe diesen Tanz auf alten griechischen Vasen gesehen.«

Der klassische Hüftschwung

Es gibt tausendundeine Möglichkeit, die Hüften ausdrucksvoll zu bewegen.
Unter Tänzerinnen hat sich eingebürgert, die nach oben gerichtete Hüftbewegung als »Hüftschwung« zu bezeichnen.
Auch dessen Eleganz zeigt sich aber erst aus der entspannten Lage der losgelassenen Hüfte nach unten.
Ein weiteres Merkmal: Wie beim »Hüftfall« oder dem »Hüfteschwenken« wird das Bein von den Schwüngen mitgenommen. Zusätzlich geben hier nun die Knie weich dem von oben fallenden Gewicht nach. Dieses Auf und Ab nennt man auch »Ziehharmonika«.
Ergebnis: Die Bewegung wird bei allem Temperament, das Sie hineinlegen dürfen, langsamer, genußvoller, ausgeprägter, und die Palette für mögliche musikalische Interpretationen wird erweitert:
■ Tiefe, satte Trommelschläge lassen die Hüfte in der Tiefe vibrieren.
■ Helle, kürzere Trommelschläge vollziehen Sie mit leichten, aufwärts gerichteten Schwüngen nach.
Eine weitere Beobachtung Gustave Flauberts, hier bei einer anderen Tänzerin:
»Bembeh tanzt mit Vorliebe in gerader Linie; sie schreitet unter Senken und Emporrichten einer Seite der Hüften dahin, es ist eine Art von sehr ausdrucksvollem, rhythmischem Hinken.«
Vielleicht gefällt Ihnen die Bezeichnung »Hinken« darin nicht, doch fühlen Sie selbst, wieviel melancholische Schönheit in dieser Figur liegt.

Der Tanz. Album von
Ferdinand von Reznicek (1869-1909)

Ausführung

Die ruhige Seite trägt das Körpergewicht.
Die Körperachse bleibt gerade – dadurch
wird eine unschöne Krümmung des Oberkörpers vermieden.
Stellen Sie einen Fuß ein wenig vor wie
zu einem ungezwungenen Schritt!
Sie senken eine Hüfte nach unten (in den
»Keller«), schwingen dann weit nach
oben (in den »1. Stock«) und etwas
nach innen und kehren wieder in die
Ausgangsstellung (»Erdgeschoß«)
zurück.

Tip

Es ist verlockend, vom »1. Stock« gleich
wieder in den »Keller« zu fallen. Gewöh-
nen Sie sich jedoch an, zumindest
anfangs, erst bewußt im »Erdgeschoß«
haltzumachen! Nur so vermeiden Sie,
später im Eifer des Tanzes den Weg nach
unten zu vernachlässigen.

VI.

Balanceübung

Diese Übung ist sowohl zu Beginn als auch zum Schluß Ihres Tanztrainings empfehlenswert, besonders bei Verspannung im unteren Rücken; auch sorgt sie für eine Verbesserung der Körperbalance.

Ausführung

Sie stehen auf einem Bein, heben das andere an und umfassen es unterhalb des Knies. Kein Hohlkreuz machen!
Dann ziehen Sie das erhobene Bein in Richtung Körper und verharren so lange wie möglich so. Atmen Sie dabei gleichmäßig weiter. Seitenwechsel.

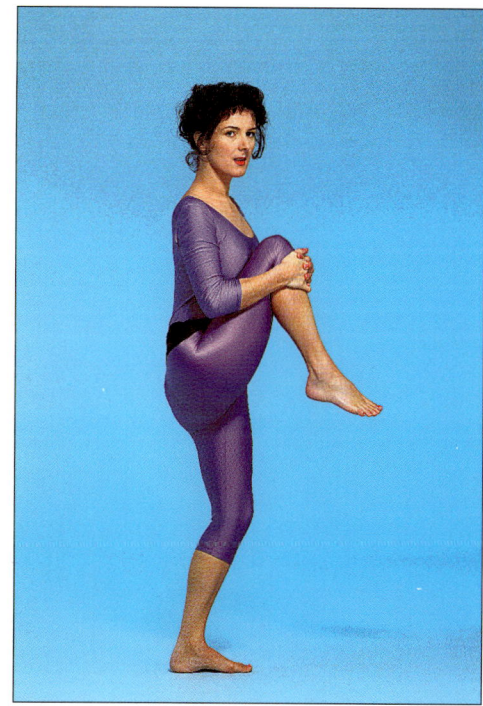

Balanceübung mit geschlossenen Augen

Bei dieser Übung schließen Sie die Augen. Je länger Sie durchhalten, um so stabiler wird auch Ihr inneres Gleichgewicht, das Sie ja nicht nur als Tänzerin gut brauchen können.

Verzweifeln Sie nicht, wenn Sie zunächst ganz schnell ins Wanken geraten. Haben Sie Geduld, denn Sie bauen damit Nervosität effektiv ab! Führen Sie diese Übung doch an Ihrem Arbeitsplatz ein!

Ideal auch für Tänzerinnen mit Lampenfieber.

Ausführung

Sie stehen auf dem rechten Bein, die rechte Hand umfaßt den linken Fuß. Heben Sie den linken Arm, und atmen Sie dabei ruhig weiter. Erst jetzt die Augen schließen. Seitenwechsel.

Hüftschleife

Eine weiche, sehr weibliche Figur, die Ihnen erlaubt, viel Gefühl hineinzulegen, ist die »Hüftschleife«. Die Hüften wiegen sich von einer Seite zur anderen, indem sie von unten nach oben eine stehende Acht malen.

Wiederum steht die Fähigkeit, sich loszulassen, dabei im Vordergrund.

Üben Sie zur Vorbereitung das wechselseitige Hüftefallen (siehe Seite 39). Achten Sie jetzt besonders darauf, die Hüften nicht ruckartig, sondern sanft loszulassen. Natürlich gibt auch hier das Knie nach.

Ausführung

Aus der Grundstellung heraus fallen Sie mit der rechten Hüfte weich nach unten. Dann führen Sie die Hüfte in einem kleinen Halbkreis seitlich Richtung »1. Stock«, lassen los, und gehen weich in das »Erdgeschoß«, das heißt in die Grundstellung, zurück. Dieselbe Übung mit der anderen Seite ausführen.

Bei der Abwärtsbewegung der Hüfte vom höchsten Punkt schieben Sie nach innen, während die andere Hüfte bereits nach unten losläßt.

Versuchen Sie eben einfach, die Kreise auf beiden Seiten miteinander zu verbinden.

Das Körpergewicht verlagert sich von einem Fuß auf den anderen, so daß die Bewegung auf der einen Seite immer frei fließen kann.

Tip

▣ Die Knie machen aus eigener Kraft nicht etwa Kniebeugen; sie passen sich lediglich dem Auf und Ab der Hüften an. Dort sitzt sozusagen der »Motor«.

▣ Bei der Hüftschleife bitte keine akrobatischen Verrenkungen nach oben machen. Das führt nur zu Verspannungen. Die alte Grundregel greift hier wieder ein: Der Bewegung in die Tiefe ist der Vorzug zu geben!

Schlangenarme

Hier werden Sie verwundert feststellen, daß allein Unterarm und Hand die beeindruckende tänzerische Wirkung hervorrufen.
Ferner spüren Sie, wie die Muskulatur des gesamten Armes bis in den Schulterbereich in die Länge gezogen wird – erstaunlicherweise nur, wenn Sie die Oberarme ruhig halten.
Auch das ist ein Geheimnis des »Isolationsprinzips«.

Ausführung

Heben Sie den Arm an, der Oberarm bleibt ruhig in einer Linie.
Der Unterarm streckt sich mit der abgewinkelten Hand aus.
Am Endpunkt biegt die Hand weich um, die Mittelfingerspitze wird zum Daumen gerichtet.
Der Unterarm zieht sich wieder zurück.
Am Endpunkt über der Schulter fällt die Hand locker herab.
Solange nur der Oberarm ruhig bleibt, dürfen die Endpunkte auch einen geringeren Abstand haben.
Richtig zur Geltung kommen die »Schlangenarme« erst, wenn die Unterarme sich im Wechsel ausstrecken und zurückziehen. Die Oberarme bilden eine ruhige, gemeinsame Linie durch den Körper.
Gehen sie nämlich bei der Bewegung mit, erinnert diese an einen herabstürzenden Vogel, dem die Fügel gebrochen sind.
Sie sehen auf den Fotos, wie sich meine Hüften in der Schleife wiegen – die Figur, die am besten dazu paßt.
»Schlangenarme« sind aber für sich alleine schon sehr ausdrucksstark und bedürfen nicht unbedingt einer zusätzlichen Beckenbetonung.
Getragene Flötensoli bieten sich zur Interpretation an.

Weitere Figuren mit ruhigen Oberarmen

Die Unterarme spielen auch bei etlichen anderen Armfiguren eine wichtige Rolle. Experimentieren Sie selbst weiter.

Ausführung
Aus den Ellenbogen heraus als Mittelpunkt können sich die Unterarme nicht nur in gerader Linie, sondern auch kreisförmig bewegen. Die Oberarme bleiben ruhig wie ein starker Ast, werden sich jetzt aber ein wenig um die eigene Achse drehen.
Ihre Hände dürfen unendliche Geschichten erzählen.
Auch die Diagonalhaltung ist möglich: Die Oberarme bilden eine durchgehende Linie.

VII.

Entspannung für Schultern und Oberarme

Hier gilt: Auch wenn Sie nur eine kleine Wegstrecke bei der Streckung schaffen, ist diese doch höchst effektiv.
Also bitte nicht übertreiben, auf keinen Fall aber nachfedern!
Beenden Sie außerdem die Übungen nicht abrupt, sondern gehen Sie ganz langsam, beinahe ein wenig theatralisch, in die Ausgangsstellung zurück.

1. Übung, Ausführung

Die rechte Hand legen Sie auf die linke Schulter, die linke Hand faßt den Ellenbogen des rechten Armes und drückt den Ellenbogen näher zum Körper. Der rechte Arm überläßt sich passiv dieser Zugwirkung.
Atmen Sie gleichmäßig weiter, bis sich ein angenehmes Wärmegefühl in Schulter und Oberarm einstellt. Seitenwechsel.

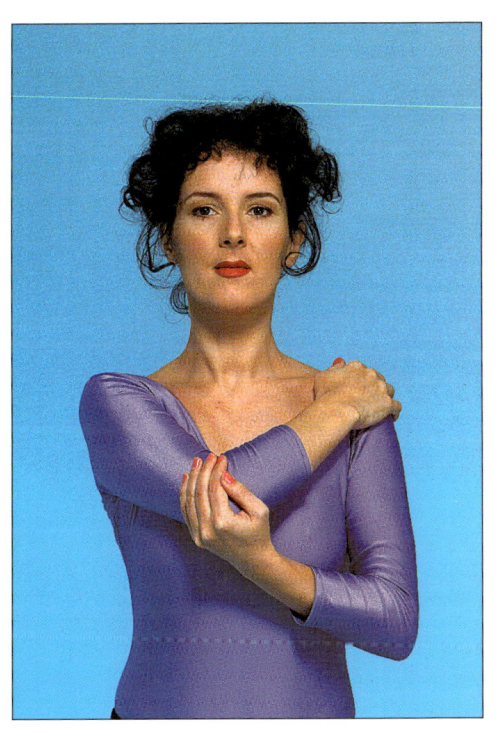
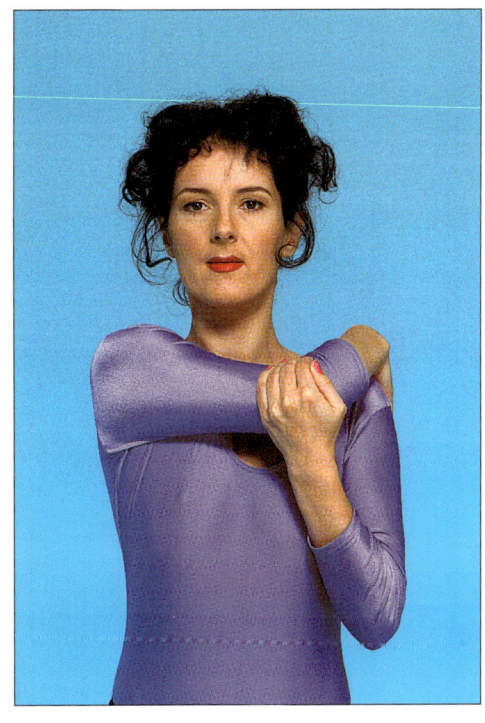

2. Übung, Ausführung

Wenn Sie durch die vorhergehende Entspannung deutlich wärmer im Schulterbereich geworden sind, üben Sie die Zugwirkung wie in Übung 1 mit der
Armstellung auf dem Rücken aus: Legen
Sie die Hand auf den Ellenbogen, dann
drücken Sie mit einem leichten Zug nach
unten mit dem Hinterkopf gegen den
gedehnten Arm.

Variation

Steigern Sie den Dehneffekt weiter von
der Schulter bis zur Taille, indem Sie sich
(bei ruhigem Unterkörper) zur Seite
biegen:
Ziehen Sie den Ellenbogen mit der anderen Hand nach unten, atmen Sie gleichmäßig ein paar Augenblicke und verharren Sie in dieser Position.
Dann atmen Sie aus und biegen gleichzeitig den Oberkörper seitwärts. Verharren
Sie zwei Atemzüge lang so.
Jetzt beenden Sie den Zug im Arm allmählich und gehen gleichzeitig mit dem
Oberkörper zurück.

Gehen mit vorgeschobenem Becken

Wiederholen Sie die »Beckenkippe«!
Nach etwa zwanzig Mal merken Sie, wie
die Bewegungsenergie Ihres ganzen Körpers sich im Becken konzentriert. Die
inneren Organe werden stark durchblu-
tet, ein vitales Lebensgefühl kommt auf.

Ausführung

Schieben Sie nun das Becken nach vorne,
und ziehen Sie die unteren Bauchmuskeln
entsprechend ein, und verharren Sie
lange in dieser Stellung. Die Atmung können Sie problemlos fortsetzen, wenn
auch nicht mehr so tief in den Bauch.
Gehen Sie ganz locker auf und ab.
Immer, wenn das Becken nachlässig
zurückzukippen droht, geben die
Bauchmuskeln wieder einen kräftigen
Impuls nach innen und fixieren das
Becken vorne.
In den Kapiteln zuvor haben Sie im
wesentlichen gelernt, im Gehen Becken
bzw. Hüften frei zu schwingen – und nun
sollen Sie das Gegenteil machen?
Diese Übung jedoch (es ist keine Tanz-
figur) eignet sich außerordentlich, die
Kontraste zwischen Ruhe und Anspan-
nung, Passivität und Aktivität im Körper
aufs feinste zu spüren.
Sie werden bald fähig sein, sich vollkommen loszulassen und kurz darauf vor
Energie zu sprühen.

Beckenwellen

Ähnlich wie bei der »Beckenkippe« bewegen Sie das Becken von hinten nach vorne – nun aber in einer gleichmäßig fließenden Welle. Sie lädt uns zum schwingenden Vorwärtsgehen ein.
Ein sehr typischer Schritt dieser Art, den ich Ihnen vorstellen möchte, ist unter der Bezeichnung »Kamelgang« bekannt.
Nun, mit dem Kamel verbinden wir gerne eine gezierte, etwas lächerlich wirkende Selbstgefälligkeit.
Unter nordafrikanischen Wüstenbewohnern hingegen genießt das Kamel ein hohes Ansehen: Es ist beachtlichen Strapazen gewachsen, sichert die Existenz seines Besitzers in vielerlei Hinsicht und symbolisiert für ihn Stolz, Würde und Ausdauer.
Eine ägyptische Tänzerin, die sich das Wesen des Tieres aneignet, empfindet ebenso. Aber ich habe auch schon Tänzerinnen gesehen, die bei dieser Figur eher Vergleiche mit einer Gazelle aufkommen ließen: Zartheit und Filigranität offenbarten sich.

Eine ganz besondere Impression schenkte mir eine einfache Tänzerin aus einem kleinen oberägyptischen Dorf: Sie ahmte einen störrischen Esel nach!
Von Vorwärtsschreiten konnte da natürlich keine Rede sein. Das Becken, zum posaunenhaften Ton der Mizmar (oberägyptisches Blasinstrument) schwang ein Bein lebhaft hin und her, jeweils unterbrochen von einem heftigen Aufstampfen mit dem Fuß, wenn der Trommler seinen tiefen Grundrhythmus schlug. Trotz der Heftigkeit des Tanzes fiel der Fuß durch unglaubliche Geschmeidigkeit und Ausdruckskraft auf. Der Vorderfuß allein verwandelte sich zum Eselshuf.
Die Botschaft aber, welche die Tänzerin über die »Eselsbrücke« aussandte, kam unmittelbar an: Es offenbarte sich das Wesen einer vitalen Frau mit eigenem Kopf, bereit, ihren Weg zu gehen, ohne Widerständen auszuweichen. Selten hat mich ein Tanz so beeindruckt!

Bauchtänzerin in Kairo

Vorübung

Schwingen Sie den Po nach hinten, als ob Sie mutwillig jemanden immer wieder schubsen wollten.

Das gelingt am leichtesten, wenn Sie kräftig mit dem Becken von vorn ausholen. Dabei natürlich immer die Bauchmuskeln einziehen.

Beim Schubs nach hinten dürfen sie nachgeben.

Tip

Entsprechend der Wellenbewegung des Beckens wird auch die Bauchmuskelarbeit rollender, wiegender. Wenn Sie erst einmal in die Wellenbewegung geraten sind, müssen Sie über deren Richtung eigentlich nicht mehr nachdenken.

Trotzdem zur Information:

Die Welle verläuft so, als ob Sie sich mit dem Po an einer Wand von oben nach unten abdrückten.

Oder vielleicht besser: Sie stehen im Meer und geben einer Woge nach, die von vorne auf Sie zukommt.

Kamelgang, Ausführung

Im Schwung von vorn nimmt das Becken das rechte Bein mit. Setzen Sie den Fuß auf (Ferse zuerst), der Bauch entspannt sich, und das Becken rollt gleichzeitig weich zurück. Das Gewicht verteilt sich auf dem vorderen Fuß, während der hintere unbelastet abrollt.

Vom Vorderfuß beginnend, rollt der hintere Fuß wieder zurück; auf diesem liegt jetzt das Gewicht. Während des Abrollgangs den Beckenschwung nach vorne ausführen.

Der Schwung überträgt sich automatisch auf das unbelastete vordere Bein.

Variation 1

»Kamelgang« kann also auf der Stelle stattfinden; schön ist es allerdings auch, wenn die Tänzerin langsam vorwärts geht, indem sie beim Wiederaufsetzen den vorderen Fuß ein klein wenig nach vorne schiebt, ebenso den hinteren.

Variation 2

Gehen Sie bei jedem Wiederaufsetzen ein wenig weiter seitwärts.

Der Esel, Ausführung

Begnügen Sie sich zunächst, das Scharren mit den Hufen nachzuahmen – man kann es vielfach einsetzen, zum Beispiel immer dann, wenn die arabische Musik Sie durch etwas Unerwartetes aus dem Rhythmus zu bringen droht. Zeigen Sie Ihre Widerspenstigkeit dagegen, und fallen Sie erst in regelmäßigere, gefälligere Figuren, wenn Sie sich wieder zurechtfinden. Ich wende den »Esel« gerne bei unnötigen Störungen meiner Darbietung an: Etwa, wenn ein Ober seelenruhig über die Tanzfläche läuft, um einem Gast ein Bier zu bringen.

Die Vorderseite des Vorderfußes schleift von hinten nach vorne, gleichzeitig schwingt das Becken nach vorne.

Die Unterseite des Vorderfußes streift von vorne nach hinten, gleichzeitig schwingt das Becken nach hinten.

VIII.

Raumaufteilung

Der orientalische Tanz kennt keine komplizierten Schrittchoreographien.
Sein Ziel ist nicht die Eroberung des Raumes in die Weite, sondern die Reise in unsere innere Welt.
Eine Tänzerin kann allerdings allein durch bestimmte Figuren viel Raum beanspruchen, obwohl sie auf einer Stelle stehenbleibt. Und wenn der Tanz auf einen temperamentvollen Höhepunkt zusteuert – bei einem Trommelsolo etwa – ruhen die Füße auf einer Stelle.
Die Energie entlädt sich nicht in wirbelnden Schrittfolgen, sondern innerhalb des Körpers.
Eine orientalische Tänzerin kann sich in Selbstvergessenheit verlieren, sie kann aber auch mit dem Gegenüber korrespondieren – seien es Zuschauer, Mittänzer oder Musiker.
Dabei ist die Tänzerin durchaus nicht immer auf ihrem Platz fest verhaftet, sondern bewegt sich von ihrem Mittelpunkt aus wie zufällig vorwärts, rückwärts, seitwärts, dreht sich um die eigene Achse oder wendet sich lediglich durch Gewichtverteilung auf die andere Seite in eine andere Richtung.
Manchmal ist der Positionswechsel improvisiert, manchmal wirkt er nur so, obwohl vorher fleißig geübt wurde.
Kennt man zum Beispiel erst einmal die Technik einiger Drehungen, »überfallen« sie einen oft von selbst: Man kann sich dabei herrlich loslassen. – Denken Sie nur an die tanzenden Derwische!
So beherrschen wir also den Raum, ohne vorgezeichnete, stereotype Wege zurücklegen zu müssen.
Es gibt bestimmte Figuren, die sich für »kleine Wege« geradezu anbieten:
Seitwärts: Hüftschleife; Kamelgang
Vorwärts: Kamelgang
Rückwärts: Beckenwelle im Kreuzschritt
Drehungen um das Standbein nach innen, Hüftfall, Hüftschwenk, Hüftschwung
Drehungen um das Standbein nach außen: Hüftschwenk
Drehungen um die eigene Achse: großer Beckenkreis
(Hier kreisen unsere einzelnen Körperzonen um unsere Körpermitte wie die Sterne um die Sonne.)

Tanzende Derwische (Stahlstich, Mitte 19. Jh.)

Beckenwelle im Rückwärtsschritt

Ausführung
Wiederholen Sie »Fußabrollen rückwärts« (siehe Seite 37), um die Wadenmuskulatur und die Füße aufzuwärmen und einzustimmen.
Jetzt gehen Sie ein paar Schritte rückwärts und nehmen dabei das Becken in den Schwung mit wie beim »Kamelgang«.

Tip
Den Druck der Bauchmuskulatur von innen auf die Wirbelsäule spürt man hier besonders angenehm: Entspannung für den unteren Rücken!

Beckenwelle im Kreuzschritt nach hinten

Ausführung
Richtig künstlerisch wird der Rückwärts-
schritt erst, wenn Sie ihn im Kreuzschritt
nach hinten ausführen.

Tip
Sich zum Zuschauer zu entfernen wirkt
meistens hintergründiger als direkte
Bewegungen auf ihn zu.

Abwechselnder Hüftschwung links und rechts mit einer Viertelumdrehung

Stellen Sie den linken Fuß vor, und lassen Sie die Hüfte beliebig oft schwingen. Setzen Sie den linken Fuß auf, belasten Sie ihn.
Die rechte Seite mit dem unbelasteten Fuß dreht sich jetzt um 90° und schwingt nun weiter wie vorher die linke. Wechseln Sie die Seiten, wann immer Sie wollen!

Abwechselnder Hüftschwung links und rechts mit einer Dreiviertelumdrehung

Ausführung
Wenn Sie von der diagonalen Körperlinie ausgehen, können Sie mit derselben Gewichtsverlagerung sogar eine Dreiviertelwendung um die eigene Achse machen.

Überraschende Drehung zwischen zwei Hüftschwüngen

Abschiednehmen, Sich-Zurücknehmen, Scheu und melancholische Gefühle – das kann die »Beckenwelle rückwärts im Kreuzschritt« überzeugend ausdrücken. Ganz das Gegenteil die Drehung um die eigene Achse, die zwischen zwei Hüftschwüngen blitzschnell vollzogen wird: Die Figur ist lebhaft, keck, übermütig. Die Drehung wirkt raffiniert, dabei ist sie ganz einfach.

Ausführung

Tanzen Sie flotte Schwünge mit der rechten Hüfte von unten nach oben, setzen sich kurz im »Erdgeschoß« zur Ruhe und belasten den rechten Fuß.
Die linke Hüfte hebt an und schwingt sich im Uhrzeigersinn um das (rechte) Standbein.
Der linke Fuß setzt auf, wenn der Körper mindestens um 180° gedreht ist.
Der Rest der Drehung bis 360° vollzieht sich auf den Füßen.
Sie tanzen mit der rechten Seite weiter, als hätte es nie eine Unterbrechung gegeben.

Drehungen im »Sonnenkreis«

Ausführung

Wiederholen Sie den kleinen Beckenkreis (siehe Seite 22), und vergrößeren Sie ihn allmählich!

Sind Sie etwa bei einer mittleren Größe angelangt, versuchen Sie die Drehung! Nehmen Sie den Schwung, die Antriebskraft aus dem Becken mit, um sich um die eigene Körperachse drehen zu können; die Füße folgen dieser Kraft.

Kreist das Becken im Uhrzeigersinn, so erfolgt auch die Drehung im Uhrzeigersinn.

Geht das Becken von links hinten nach vorne, so geht auch der linke Fuß in einer kleinen Drehung vorwärts.

Ist das Becken auf dem Weg von rechts vorne nach hinten, so tritt auch der rechte Fuß in einer kleinen Drehung nach hinten.

Machen Sie sich keine Gedanken, wie viele Schritte Sie brauchen, um um die eigene Achse zu kommen!
Entscheidend ist das Gefühl für den Zusammenhang »Beckenkreis – Drehung«.
Nach fleißigem Üben werden die Kreise größer, und die Umdrehung reißt Sie wie eine Woge mit, denn natürlich bringen die Beckenkreise jetzt von vorneherein mehr Elan mit.
Aus der Beckenbewegung nach vorn holen wir die gesammelte Bewegungsenergie und werden mit dem mühelosen Schwung nach hinten belohnt, der uns weit um die Körperachse herum mitnimmt.

IX.

Bewegungen mit dem Brustkorb

Wiederholen Sie zur Vorbereitung die Entspannungsübung auf Seite 55.
Auch mit dem Brustkorb lassen sich Kreise, Wellen etc. ausführen. Sie sind allerdings nicht so kraftvoll wie Beckenfiguren und vermitteln eher das sanfte Auslaufen einer Woge, die vom Unterkörper aus nach oben fließt.
Ein geschmeidiger Brustkorb dient nicht dazu, plump die Oberweite zu präsentieren: Er vermittelt frei fließende Lebenskraft. Die Atmung wird längerfristig tiefer und regelmäßiger.

Ausführung
Atmen Sie ein, und heben Sie gleichzeitig den Brustkorb! So spüren Sie gut die Muskulatur, die an der Ausdehnung beteiligt ist.
Beim Ausatmen sinkt der Brustkorb wieder zurück. Aber bitte keinen krummen Rücken machen!
Mit zunehmender Übung brauchen Sie die bewußte Atmung als Hilfsmittel nicht mehr; die Muskeln können sich ohne diese Unterstützung aus eigener Kraft bewegen.

Tip
▪ Führen Sie die Übungen öfter einmal für sich alleine durch – sie werden Ihnen sehr guttun.
▪ Im Tanz dagegen werden Brustbewegungen nur hin und wieder als Akzente oder kurze Abwechslung eingesetzt.

Brustkreis

Ausführung

Sie ziehen einen kleinen Kreis im Uhrzeigersinn um Ihren Oberkörper, wobei Sie sich vier Punkte vorstellen: »links«, »vorne Mitte«, »rechts«, »Ausgangsstellung«.

Nehmen Sie die Grundstellung ein, die Hände sind auf die Hüften gestützt, der Unterkörper ist ruhig.

Jetzt atmen Sie etwas ein, und der Brustkorb verschiebt sich nach links. Beim weiteren Einatmen dehnt sich der Brustkorb nach vorne Mitte aus.

Atmen Sie dann langsam wieder aus, während der Brustkorb nach rechts und schließlich zurück zur Ausgangsstellung geht.

Schulterzucken

Die ägyptischen Männer beherrschen dieses Schulterzucken am besten. In der Folklore ist es ein zentraler Bestandteil des Tanzes.

Möglicherweise schütteln sie dadurch die Lasten des harten bäuerlichen Lebens ab, die auf ihren Schultern ruhen. Grundsätzlich ist das bestimmt auch keine schlechte Idee für die geplagten Menschen der hochtechnisierten Zivilisationen.

»Schulterzucken« ist ein reizvoller Kontrast zu runden, weiblichen Bewegungen. Es akzentuiert flotte Rhythmen, wirkt befreiend, und die Zuschauer geraten in den Sog, einfach mitzutanzen.

Ausführung

Machen Sie aus dem Schultergelenk eine kurze Bewegung nach vorne, aber heben Sie dabei nicht die Schulter! Das Zucken darf sich auf den Brustkorb übertragen. Während Sie mit einer Seite üben, ruht die andere sich aus.

Zitterbewegungen (Shimmies)

»Shimmies« gehören zu den meistbe-
staunten Phänomenen des orientalischen
Tanzes: Wie schafft es die Tänzerin nur,
in ihrer Körperhaltung völlig gelassen zu
bleiben und dabei die Hüften rasend
schnell auszuschütteln? Wie kann sie
dann gleichzeitig vorwärts gehen, ja
manchmal sogar das Becken gleichzeitig
kreisen? Von woher nimmt sie denn die
Antriebsenergie, um mit dem Brustkorb
zu vibrieren?
»Loslassen« heißt auch hier wieder das
Zauberwort.
Keine Sorge, wenn Sie sich nach kurzer
Zeit wieder versteifen – die Hüften weh-
ren sich noch gegen die »Machtübernah-
me« der Knie. Diese Hingabe, dieses tota-
le Loslassen ist neu für den Körper. Doch
dann folgt die Belohnung: Vielleicht
anfangs nur während des Bruchteils einer
Sekunde überwältigt Sie das Gefühl: »Ich
tanze nicht, ich werde getanzt!«
Der Verstand setzt für kurze Zeit aus. Wie
angenehm!
Allein dieses Gücksgefühl erklärt die
Faszination durch die »Shimmies«.
Der herrliche Moment des Sich-loslassen-
Könnens wird sich bald verlängern.
Hinterher werden Sie in eine wohlige
Erschöpfung fallen, sich aber schon kurz
darauf wieder wie »zum Bäume aus-
reißen« fühlen.

Wechselseitiger Knie-Shimmy
Üben Sie zur Vorbereitung »Hüftesen-
ken« (siehe Seite 35). Dann grätschen Sie
die Beine ein wenig und gehen etwas
in die Knie.
Sie fahren fort und steigern das Tempo
immer mehr. Die Wege der Hüften auf
und ab werden immer kürzer.

Einseitiger Knie-Shimmy

Der Jongleur (das Knie) wirft nur einen Ball (die Hüfte) nach oben.

Das ist etwas schwieriger, weil die andere Körperseite als Gegenpol wegfällt. Nehmen Sie die Ausgangsstellung ein wie beim Hüftschwung. Dann schwingt die Hüfte von unten nach oben, während Sie auf dem Vorderfuß stehen bleiben. Die Hüfte verharrt vibrierend im oberen Bereich.

Lassen Sie hin und wieder die Hüfte nach unten los, der Schwung nach oben kommt dann wie von selbst (ähnlich einem springenden Ball).

Wechselseitiger Knie-Shimmy im Vorwärtsgehen

Heben Sie in der Schüttelbewegung Hüfte und Fuß hoch, und setzen Sie diesen (mit der Ferse zuerst) auf, während die Hüfte weich herunterfällt und sofort wieder weiterzittern kann. Fahren Sie in dieser Fußstellung mit wechselseitigen Shimmies fort!

Wenn Sie mit dem hinteren Fuß vorgehen wollen, integrieren Sie das Zittern in die Abrollbewegung des Fußes.

Das ist ein logischer Ablauf, denn auch Knie und Hüfte sind von unten nach oben in Bewegung.

Wechselseitiger Schulter-Shimmy

Diese Übung ist eine Steigerung des »Schulterzuckens« (siehe Seite 77). Die Bewegung wird so schnell, daß der Betrachter nicht feststellen kann, woher sie kommt. Dabei zittert der ganze Brustkorb, ohne daß es billig wirkt. Das ist das Geheimnis der »unsichtbaren Helfer« (Schultern, Knie) bei dieser Art Shimmies. Schulter-Shimmies setzen am besten in einer leicht nach hinten geneigten Haltung aus, oder wenn Sie sich vom Betrachter halb abwenden – also auf etwas Distanz zu ihm gehen! Nur die Schultern sind in Bewegung.

Gehen Sie nie mit regelmäßigen Schritten einfach nur vorwärts, sondern verweilen Sie auch da und dort oder betonen Sie eine Seite einmal mehr.

Für Geübte: Legen Sie keine geraden Wege zurück, sondern eher auch mal kreis- oder spiralförmige.

82

Entspannung für die Beine

Besonders am Schluß jeder Übungsstunde
– aber auch zwischendurch – ist es sehr
angenehm, sich mal auf den Boden zu
legen und die Füße hochzunehmen.

Ausführung
Bei durchgedrückten Knien strecken und
beugen Sie im Wechsel die Füße! Das
gestaute Blut kann so gut zurückfließen.
Senken Sie langsam die Beine, und
strecken Sie die Gliedmaßen von sich.
Mindestens fünf Minuten in dieser Position bleiben.

X.

Die Musik

Viele Frauen, die anfangs den Bauchtanz
als reine Gymnastik schätzten, lassen sich
irgendwann plötzlich von der Musik mit-
reißen und beginnen wirklich zu tanzen.
Andere fragen schon bald, wie man die
einzelnen Figuren miteinander kombinieren kann. Wieder andere Schülerinnen
glauben, die Musik sei zu fremd und zu
schwierig und sind deshalb gehemmt,
sich auf sie einzulassen.
Nun, es gibt viele verschiedene Richtungen in der arabischen Musik, und die
schönsten sind nicht unbedingt die
schwierigsten.
Gefällt Ihnen ein Stück, so sind Sie immer
musikalisch genug, es zu interpretieren.
Die gebräuchlichsten Instrumente in
einem arabischen Tanzorchester:

Aus der Zitter (qanun) ist das Cembalo
hervorgegangen.
Zarte, angedeutete »Hüft-Shimmies« mit
Verzierungen, etwa im Vorwärtsgehen,
empfinden diese an fließende Bäche erin-
nernden Klänge nach. Die Stimmung
reicht von melancholisch bis gedämpft
heiter.

Eine Flöte (nay) aus Bambus ist das Instrument der Sehnsucht und der Einsamkeit.
Sehr langsame, ausgeprägte runde Bewegungen eignen sich sehr gut zur Interpretation.

Das Zupfinstrument al-oud ist die mittel-
alterliche Laute der Troubadoure. Ihre
fünf Saiten drücken die vier Temperamente aus – und die Empfindungen der
Seele.

Musikinstrumente des Morgenlandes (Farblithographie, um 1900)

Der Lautenspieler tritt meist mit einem Solo hervor. Er setzt die menschlichen Grundstimmungen einander gegenüber, variiert ein Thema aus verschiedenen Sichten, aber nicht vom Intellekt gesteuert, sondern vom Herzen. Versteht die Tänzerin das Gespräch des Musikers mit seiner Laute, drückt ihr Körper dasselbe aus, zum Beispiel mit kurzen, fein akzentuierten Hüftbewegungen, Schulterzucken, überraschenden Wendungen, unvermittelten Figurenwechseln.

Die *kamandscha* ist eine viersaitige Spießgeige und hat einen ähnlichen Klang wie die europäische Geige. Beide haben dieselbe Vorläuferin: das *rabab,* ein zweisaitiges mittelalterliches Instrument. Heutzutage spielen der Tänzerin, die mit der

Struktur des klassisch russischen Orchesters liebäugelt, allerdings oft ein ganzes Dutzend Geigen auf und lösen ein Feuerwerk von Gefühlen aus. Oberkörper, Arm- und Handfiguren begleiten die differenzierten Stimmungen.

Die Rhythmen werden von verschiedenen Trommeln erzeugt.
Die bekannteste ist die Tontrommel, *darabukka* oder *tabla* genannt.
Außerdem gibt es die Schellentrommel *(riq)* mit zehn und den *daff* mit fünf Schellenpaaren. Die tiefen Töne bezeichnet man als »dum«-, die hellen als »tak«-Schläge.
Wichtig für die Tänzerin zu wissen ist, daß sie die tiefen Schläge immer mit Hüftbewegungen nach unten umsetzt.

Steigert sich ein Trommelsolo zu einem wilden Finale, lösen sich die einzeln betonten Hüftschläge zu »Shimmies« auf. Gelingt die Übereinstimmung von Tanz und Rhythmus, hat die Tänzerin das Gefühl, die Trommel sitze direkt in ihrem Becken, und der Körper allein gebiete über den Rhythmus.
Körper und Musik sind zu einer Einheit verschmolzen. Dieser erhebende Zustand ist nicht schwer zu erreichen, wenn man ein paar der kennengelernten Zusammenhänge beachtet.

Kombinierte Tanzfiguren

Sie haben im Laufe der Zeit drei Figuren-
gruppen eingeübt:
- runde und weiche
- rhythmische und schwungvolle
- ekstatische und schnelle.

Zusätzlich beherrschen Sie eine Fülle von
Möglichkeiten, den Tanz mit Hilfe der
Arme und Hände zu gestalten. So lange
Sie die Grundfiguren richtig ausführen,
dürfen Sie diese ziemlich frei zusammen-
setzen. Letzte Instanz ist und bleibt allerdings immer die Musik, zu der Sie gerade
tanzen.
Einige tänzerische Verbindungen haben
Sie bereits in den vorangegangenen Kapiteln kennengelernt. Hier drei weitere:

Verbindung Beckenkreis-Hüftschwung
(Foto Seite 89 oben)
Aus dem großen »Beckenkreis« in der
Vorwärtsbewegung fließend in die Beto-
nung einer Hüfte übergehen: Hüft-
schwünge tanzen. Sie interpretieren mal
Melodie, mal Rhythmus.

Verbindung Beckenkreis – Kamelgang
(Foto Seite 89 unten)
Sind Sie beim »kleinen Beckenkreis« mal
wieder vorne in der Mitte angelangt, können Sie in den »Kamelgang« übergehen.
Nach einiger Zeit ist dann ein Wechsel
zum »Beckenkreis« möglich – und zwar
dann, wenn das Becken den Schwung
nach vorne nimmt.
Manchmal dient der »Beckenkreis« nur
als wunderschönes Verbindungselement
zwischen anderen Figuren, dann wieder
ist er der Mittelpunkt und wird beispielsweise von »Hüftkicks« kontrastreich
unterbrochen.

Verbindung Shimmies – Hüftkicks

In einem Shimmy-Solo werden immer
wieder die Basisschläge des Rhythmus
betont:
Der Wechsel vollzieht sich blitzschnell, da
beide Figuren aus derselben Grundbewe-
gung entstehen.

Anhang

Literaturverzeichnis

Buonaventura, Wendy: Bauchtanz.
Die Schlange und die Sphinx.
Kunstmann, München

Flaubert, Gustave: Reisetagebuch aus
Ägypten, übers. von E.W. Fischer.
Societätsverlag, Frankfurt am Main

Gadalla, Ulaya: Bauchtanz. Das orientalische Schönheitsprogramm. Der Weg zu
einem neuen Körperbewußtsein. Gold-
mann, München

Hegers, Ulrike: Bauchtanz. Stärkung von
Körper und Seele. Econ, Düsseldorf

Karkutli, Dietlinde: Das Bauchtanzbuch.
Rowohlt, Reinbek bei Hamburg

Marta: Anmutig und fit durch Bauchtanz.
FALKEN, Niedernhausen

Nützliche Adressen

Wer sich für Bauchtanz, Veranstaltungen
und Kurse darüber interessiert, erhält
Informationen dazu bei den Volkshoch-
schulen, den Kulturämtern der Städte
und Gemeinden, bei den örtlichen Tanzschulen sowie evtl. bei den Turn- und
Sportvereinen.

Zur Person

Ulaya Gadalla, international gefeierte Bauchtänzerin, besitzt seit vielen Jahren Unterrichtserfahrung.

Ihre Lehrmethode stellte sie 1990 anläßlich des türkisch-amerikanischen Ärztekongresses in New York vor und stieß auf ein begeistertes Echo in medizinisch-orthopädischen Fachkreisen.

Aufgewachsen in Deutschland, lernte Ulaya den Tanz während ihrer Aufenthalte bei Verwandten in Ägypten schon als Kind kennen und lieben.

Von Kairo bis Casablanca, von New York bis Istanbul und in ganz Europa hat Ulaya das Publikum bereits bezaubert.

Omar Sharif: »Ulayas Tänze sind wild und zart gleichzeitig; es sind altarabische Gedichte von tiefer Bedeutung – so poetisch, wie ich sie seit meiner Kindheit nicht mehr erlebt habe.«

Viele Frauen nehmen sich Ulaya zum Vorbild, nicht zuletzt wegen ihrer Äußerungen zum Beispiel in Radio Tanger, mit denen sie großes Aufsehen erregte: »Der orientalische Bauchtanz ist der älteste Tanz der Menschheit. Keine politische Macht der Welt konnte ihn jemals wirksam unterdrücken. Er ist Protest gegen Engstirnigkeit und Doppelmoral. Er ist ein Symbol weiblicher Lebensfreude! Laßt uns tanzen, meine Schwestern!«

Danksagung

Ich danke Zeinab, Insaf und ihrer Mutter Sarwat für die unschätzbaren, mündlich überlieferten Traditionen des Tanzes sowie meiner Cousine Azza M. Hussein, Dozentin an der Sportuniversität Heluan in Kairo. Alle meine Erfahrungen wären letztlich aber nicht möglich ohne meine langjährigen Schülerinnen.

Die Kostüme stellte die Boutique Sheherezade – Sennur Ersoy, Westermühlstraße 10, 80469 München, zur Verfügung.

Im FALKEN Verlag sind zahlreiche Titel zum Thema
»Fitness und Gesundheit« erschienen. Bitte fragen Sie in
Ihrer Buchhandlung danach.

Die Deutsche Bibliothek – CIP-Einheitsaufnahme

Bauchtanz: Gymnastik für Anmut und Schönheit;
die wichtigsten Grundfiguren; Harmonie von Gefühl
und Bewegung/Ulaya Gudalla.
Niedernhausen/Ts.: FALKEN 1995
    ISBN 3-8068-1553-4
NE: Gadalla, Ulaya

ISBN 3 8068 1553 4

Umschlaggestaltung: Andreas Jacobsen
Redaktion: Herbert Habicht
Herstellung: Reckels, Schneider-Reckels & Weber, Wiesbaden
Titelbild: Hans Ehrhardt, München
Fotos: Hans Ehrhardt, München; Archiv für Kunst und
Geschichte, Berlin (S. 7, Erich Lessing; 44, 85); Archiv Gersten-
berg, Wietze (S. 65); Keystone, Hamburg (S. 25, 58, 86, 87).

Die Ratschläge in diesem Buch sind von der Autorin und
vom Verlag sorgfältig erwogen und geprüft, dennoch kann
eine Garantie nicht übernommen werden. Eine Haftung
der Autorin bzw. des Verlags und seiner Beauftragten für
Personen-, Sach- und Vermögensschäden ist ausgeschlossen.

Druck: Druckerei Parzeller GmbH, Fulda

817 2635 4453 6271

Streß bewältigen –
entspannen – Ruhe finden